AF380998

L'OPÉRATION « TEMPÊTE DU DÉSERT »

La coalition internationale contre l'Irak au Koweït

Par Gilles Rahier
Sous la direction de Mathieu Roger

50MINUTES.fr

« TEMPÊTE DU DÉSERT » 11

Introduction

Données-clés

CONTEXTE POLITIQUE ET SOCIAL 15

Les raisons de l'invasion du Koweït

La première phase du conflit : l'altercation Irak-Koweït

La seconde phase : l'intervention de l'ONU et l'opération « Bouclier du désert »

ACTEURS PRINCIPAUX 27

Saddam Hussein, homme d'État irakien

Herbert Norman Schwarzkopf, général américain

ANALYSE DE LA BATAILLE 33

La troisième phase de la guerre du Golfe : l'opération « Tempête du désert »

L'assaut aérien : le « tapis de bombes »

L'attaque terrestre des « 100 heures »

Le retrait des troupes irakiennes

Bilan d'une bataille inégale

Des dégâts collatéraux considérables

RÉPERCUSSIONS DE LA BATAILLE 49

« Fomenter la révolte »

Irak : un dictateur toujours présent et un avenir incertain

Un nouvel ordre mondial s'installe

EN RÉSUMÉ   **57**

POUR EN SAVOIR PLUS   **61**

« TEMPÊTE DU DÉSERT »

INTRODUCTION

En août 1990, l'invasion du Koweït, sur lequel se trouve l'un des plus grands champs pétrolifères au monde, fait trembler l'Organisation des Nations unies, les pays occidentaux et ceux du Moyen-Orient. Le responsable n'est autre que son voisin, l'Irak, deuxième producteur des réserves mondiales de ce précieux liquide. Cet événement est à l'origine de la deuxième guerre du Golfe qui oppose une coalition internationale, soutenue par l'ONU, à l'Irak, dirigé d'une main de fer par le dictateur Saddam Hussein.

Du 17 janvier au 28 février 1991 a lieu l'opération « Tempête du désert », l'unique bataille qui voit l'intervention de la coalition internationale durant ce second conflit dans le Golfe. En à peine quatre jours, celle-ci parvient à bouter l'armée irakienne hors du Koweït, démontrant la supériorité des forces armées de la coalition sur leurs homologues irakiens, mais surtout la faiblesse réelle de ces derniers.

Malgré sa courte durée, elle restera dans les mémoires collectives comme la mobilisation interalliée la plus vaste menée depuis la Seconde Guerre mondiale (1939-1945), avec l'engagement de centaines de milliers d'hommes, quelques milliers de chars d'assaut et plus d'un millier d'avions.

Vaincu, l'Irak finit par accepter de se soumettre à la volonté des Nations unies, provoquant des insurrections internes dans le nord et le sud du pays, modifiant de manière permanente la situation politique mondiale – notamment par l'importance prise par les États-Unis – et plongeant le pays dans une crise économique et sociale sans précédent.

DONNÉES-CLÉS

- **Quand ?** Du 17 janvier au 28 février 1991
- **Où ?** Au Koweït, en Irak et en Arabie saoudite
- **Contexte ?** La deuxième guerre du Golfe (1990-1991)
- **Belligérants ?** L'Irak contre la coalition internationale, soutenue par l'ONU
- **Acteurs principaux ?**
  - Norman Schwarzkopf, général américain (1932-2012)
  - Saddam Hussein, homme d'État irakien (1937-2006)
- **Issue ?** Victoire de la coalition internationale
- **Victimes ?**
  - Camp irakien : entre 80 000 et 100 000 morts, 60 000 blessés (pertes militaires uniquement)
  - Camp de la coalition internationale : 240 morts et 776 blessés

CONTEXTE POLITIQUE ET SOCIAL

LES RAISONS DE L'INVASION DU KOWEÏT

L'opération « Tempête du désert » s'inscrit dans le contexte d'un conflit, appelé par la suite la deuxième guerre du Golfe, qui oppose l'Irak à une coalition internationale rassemblant 34 pays, appuyée par l'Organisation des Nations unies (ONU) et emmenée par les États-Unis.

BON À SAVOIR

L'ONU est une organisation internationale dont le but est de maintenir la paix et la sécurité mondiale. Fondée en 1945 à la fin de la Seconde Guerre mondiale, elle remplace la Société des Nations (SDN), formée à la suite de la Première Guerre mondiale (1914-1918). Son assemblée générale regroupe presque tous les pays indépendants du monde. Pour faciliter la coopération entre les différents

États, l'ONU dispose de nombreux organes tels que le Conseil économique et social, le Secrétariat général, l'UNESCO (pour l'éducation, la science et la culture), l'UNICEF (pour l'enfance) ou encore la Cour internationale de justice à La Haye (Pays-Bas). L'instance la plus importante est le Conseil de sécurité, qui a la responsabilité de maintenir la paix et la sécurité internationale. Les grandes puissances (Chine, États-Unis, Russie, France et Grande-Bretagne) y sont représentées de manière permanente et possèdent un droit de veto. À ces pays s'ajoutent dix autres membres non permanents qui obtiennent des mandats d'une durée de deux ans.

En 1990, l'Irak est au bord du gouffre financier. Très affaibli par la guerre contre l'Iran (1980-1988), le pays se retrouve avec ses infrastructures pétrolières, industrielles et de communication en grande partie détruites. Les dégâts sont estimés à 67 milliards de dollars et les revenus issus du pétrole ne sont pas assez élevés pour redresser la situation économique qui est au plus mal : la dette contractée par l'État pour mener la guerre s'élève à environ 80 milliards de dollars.

L'inflation s'accentue peu à peu et le chômage reste important. La période de prospérité qu'a connue le pays durant les années soixante-dix, pendant lesquelles il jouissait d'une position hégémonique au Moyen-Orient, est révolue.

Depuis maintenant 11 ans, Saddam Hussein est à la tête du pays. Peu à peu, il a transformé le pouvoir présidentiel en une véritable dictature totalitaire et répressive. En raison de la profonde crise que connaît son pays, il décide de ne pas payer la dette de 15 milliards de dollars qu'il a contractée auprès de son voisin, le Koweït. Pour appuyer sa décision, il affirme lors de ses discours que la guerre menée contre l' « ennemi perse » (c'est-à-dire l'Iran) ne doit pas seulement être payée par l'Irak, puisque, par cette lutte, il aurait défendu le monde arabe dans son ensemble.

Parallèlement, l'émirat du Koweït augmente sa production de pétrole unilatéralement de 20 % sans consulter l'OPEP (Organisation des pays exportateurs de pétrole), alors que, pour maintenir les prix du brut, cette dernière avait fixé un quota de production par pays calculé en barils. Le Koweït fait donc chuter le cours du pétrole à la bourse et, par là même, fait perdre à l'Irak deux tiers de ses recettes annuelles. Saddam Hussein accuse alors l'émir Jaber al-Ahmad al-Sabah (1926-2006) d'être à l'origine d'une crise sociale sans précédent.

Il existe toutefois une autre raison, plus ancienne, qui peut expliquer cette invasion. Depuis l'indépendance du Koweït (1961), les gouvernements irakiens réclament le rattachement du pays à leur territoire national. Il existe en effet un conflit permanent au sujet de la délimitation des frontières entre les deux pays, qui ne conviennent pas à l'Irak puisqu'elle ne peut profiter d'un accès direct au golfe Persique.

LA PREMIÈRE PHASE DU CONFLIT : L'ALTERCATION IRAK-KOWEÏT

Tous ces éléments montrent qu'un conflit entre les deux nations est imminent. Conscients de l'état de tension qui règne, les États-Unis, première puissance mondiale depuis l'effondrement de l'Union soviétique et la fin de la guerre froide (1945-1990), affirment qu'ils n'interviendront pas dans un conflit entre deux pays arabes.

L'élément déclencheur de l'affrontement est un litige de forage survenu à la frontière, à Rumaila. L'entreprise koweïtienne est accusée de voler du pétrole issu d'une nappe se trouvant sur le territoire irakien par un forage en diagonale. En réaction, le 2 août 1990, l'armée irakienne entre au Koweït et prend le contrôle du pays sans essuyer de résistance notable. Le territoire est aussitôt déclaré 19e province irakienne par le régime de Saddam Hussein, qui ne se doute pas une seconde du retentissement international qu'aura cette incursion, comme l'explique le journaliste français Serge July : « Il a allumé une mèche qui n'était pas destinée à faire exploser une crise internationale [...]. Il n'a jamais cru qu'une razzia sur ce bout de désert gorgé de pétrole provoquerait un barouf aussi planétaire. » (JULY (Serge), *La diagonale du Golfe*, Paris, Grasset, 1991) Une occupation brutale et sanglante du pays commence alors.

LA SECONDE PHASE : L'INTERVENTION DE L'ONU ET L'OPÉRATION « BOUCLIER DU DÉSERT »

Le leader irakien croit sans doute que les Nations unies n'interviendront pas directement dans le litige et que les États-Unis ne voudront pas s'engager dans un nouveau conflit à l'étranger. Cependant, la réaction du Conseil de sécurité de l'ONU ne se fait pas attendre. Il condamne fermement l'Irak, argumentant la violation d'un territoire souverain et indépendant d'un de ses membres. Des 13 résolutions votées durant la crise irakienne, trois décisions importantes sont adoptées immédiatement durant le mois d'août 1990 :

- la résolution 660, qui exige le retrait immédiat des troupes irakiennes du sol koweïtien ;
- la résolution 661, qui implémente un triple embargo sur l'Irak sur le matériel militaire, les produits de consommation courante et l'exportation du pétrole ;
- enfin, la résolution 665, qui installe un embargo maritime et autorise le recours à la force.

Face à cette situation explosive, les États-Unis décident de s'installer au Moyen-Orient dès le 6 août. À la demande de l'Arabie saoudite, qui craint d'être la prochaine victime de l'expansionnisme irakien, un contingent américain est envoyé, accompagné d'un grand nombre de dispositifs militaires. L'opération « Desert shield » (« Bouclier du désert ») commence.

Dans ces circonstances, l'Irak ne peut pas compter sur l'aide historique de ses voisins. La Ligue arabe (organisation régionale regroupant 21 pays arabes), qui l'avait appuyé durant la guerre contre l'Iran, condamne fermement l'invasion. Lors du sommet du 10 août, elle décide même l'envoi d'une force panarabe qui accompagnerait la coalition internationale qui est en train de se former en Arabie saoudite.

L'État ne peut espérer non plus l'intervention d'un ancien allié, l'URSS. En plein démembrement après la chute du mur de Berlin (1989) et devant faire face à des problèmes internes, elle suit la ligne dictée par les Occidentaux et s'unit avec les États-Unis pour la première fois en 45 ans. Elle n'utilise donc pas son droit de veto au Conseil de sécurité, qui lui aurait pourtant permis de bloquer les sanctions et de freiner l'intervention internationale en Irak.

Pour Saddam Hussein, qui a sous-estimé les répercussions de son action, isolé sur la scène internationale et victime d'un embargo total, la situation se complique. De plus, il choque l'opinion publique mondiale en promettant des représailles sur la population occidentale se trouvant au Koweït, menace à l'origine de la « crise des otages ».

Pendant ce temps, en Arabie saoudite, la coalition se prépare et structure son intervention militaire. À la demande de l'ONU, elle réunit finalement 34 nations. Cette internationalisation du conflit confère aux États-Unis, principal meneur, une autre justification à leur intervention au Koweït.

BON À SAVOIR

Les 34 nations qui participeront aux combats, à différents niveaux, sont : l'Arabie saoudite, l'Argentine, l'Australie, le Bahreïn, le Bangladesh, la Belgique, le Canada, la Corée du Sud, le Danemark, l'Égypte, les Émirats arabes unis, l'Espagne, les États-Unis, la France, la Grèce, la Grande-Bretagne (l'Angleterre, l'Écosse, l'Irlande du Nord et le Pays de Galles), l'Italie, le Koweït, le Maroc, la Nouvelle-Zélande, le Niger, la Norvège, l'Oman, les Pays-Bas, le Pakistan, le Portugal, le Qatar, le Sénégal, la Sierra Leone, Singapour et la Syrie.

Enfin, la résolution 678 datée du 29 novembre exige le retrait de l'Irak avant le 15 janvier 1991 et « autorise les États membres [...] à user de tous les moyens nécessaires pour faire respecter et appliquer la résolution 660 [...] ainsi que pour rétablir la paix et la sécurité internationale dans la région ». Dans le cas d'une réponse défavorable ou une fois le délai dépassé, la coalition aura le droit d'intervenir.

En décembre et janvier, les dernières négociations diplomatiques entre l'ONU et l'Irak n'aboutissent pas. L'opération, voulue par les deux camps, est enfin lancée à l'aube du 17 janvier 1991 et est retransmise en direct sur la chaîne de télévision *CNN*.

Cette volonté de rendre le conflit plus acceptable par l'opinion publique s'est notamment traduite dans le vocabulaire utilisé par les forces armées, vocabulaire que reprendront à l'unisson les médias occidentaux. On ne parlera dès lors plus de bavures, mais de « dégâts collatéraux » et le terme de bombardement cédera la place à l'expression de « frappes chirurgicales ».

ACTEURS PRINCIPAUX

SADDAM HUSSEIN, HOMME D'ÉTAT IRAKIEN

Saddam Hussein est le président de l'Irak de 1979 à 2003. Dirigeant du Parti Baas, au pouvoir depuis 1968, il installe une dictature répressive et totalitaire. Après avoir déclenché la guerre contre l'Iran, il prend la décision d'attaquer le Koweït et, par là même, provoque la deuxième guerre du Golfe. Durant toute la période qui précède les opérations militaires, et malgré les offres de paix et de négociation, il décide de ne pas se retirer du pays conquis, préférant l'affrontement militaire. Les experts reconnaissent que sa principale erreur est d'avoir choisi la solution guerrière et les tactiques guerrières traditionnelles, alors que les forces en présence et la technologie ne le favorisent pas.

Dépourvu d'éducation militaire (il s'est autoproclamé maréchal *ad honorem*) et dirigeant d'une main de fer les différentes structures de l'État, il montre sa volonté d'établir une guerre de longue durée pour dissuader la coalition internationale d'intervenir. Il fait justement du Koweït un camp retranché pour tenter de piéger les armées en présence dans un combat de longue haleine, sachant que son unique avantage réside dans l'importance qu'a son armée terrestre.

Pendant la bataille, il choisit le plus souvent les options politiques, ses choix militaires étant limités. Il espère ainsi soulever la cause arabe, notamment en bombardant Israël ou en déclarant le djihad (guerre sainte rassemblant les peuples arabes contre leurs ennemis).

Il reste en place après la guerre jusqu'en 2003, année à laquelle une coalition emmenée par les États-Unis et l'Angleterre le renverse lors de la troisième guerre du Golfe (2003-2006). Il est jugé par un tribunal spécial irakien en juillet 2004 pour crime contre l'humanité et est exécuté en 2006.

HERBERT NORMAN SCHWARZKOPF, GÉNÉRAL AMÉRICAIN

Herbert Norman Schwarzkopf est un général américain. Lors de l'invasion du Koweït, il dirige le CENTCOM (commandement américain chargé du Moyen-Orient et de l'Asie du Sud-Ouest). Il est alors désigné commandant du Centre de commandement des États-Unis par le président américain George Herbert Walker Bush (né en 1924) et dirige les forces de la coalition lors des opérations « Bouclier du désert » et « Tempête du désert » au côté de Colin Luther Powell (né en 1937), chef d'état-major des armées et principal conseiller militaire du président.

Avant l'invasion, il prépare les plans de défense des champs pétrolifères du Golfe persique contre une hypothétique attaque de l'Irak, champs qui, au vu des circonstances, servent de base aux opérations militaires de la future guerre du Golfe. À travers ses propos, on peut comprendre la stratégie qu'il emploie : « Je ferai tout mon possible pour détruire l'ennemi brutalement et le plus rapidement possible. » (« Héros de la guerre du Golfe, le général Norman Schwarzkopf est mort », in *Le Nouvel Observateur*, 28 décembre 2012) Son objectif principal est de ne pas risquer gratuitement la vie des soldats dont il a la charge dans des opérations mal préparées.

Son plan d'action consiste à mettre en place une double attaque : en premier lieu, un bombardement constant pour saper les infrastructures et le moral de l'ennemi ; ensuite, quand celui-ci sera suffisamment affaibli, une attaque rapide et précise avec les troupes terrestres pour terminer rapidement la bataille. Grâce à ses minutieux préparatifs, la guerre s'achève en seulement quatre jours.

Il prend sa retraite en août 1991, quelques mois seulement après la fin de la guerre du Golfe. Il devient consultant pour la chaîne *NBC* à l'occasion de la guerre d'Irak de 2003, et meurt en 2012.

ANALYSE DE LA BATAILLE

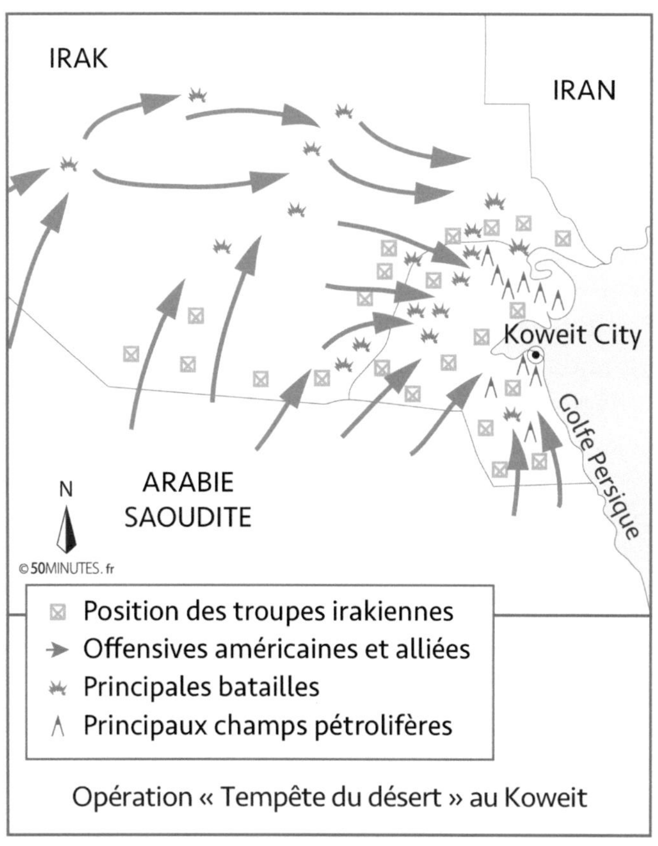

Opération « Tempête du désert » au Koweit

LA TROISIÈME PHASE DE LA GUERRE DU GOLFE : L'OPÉRATION « TEMPÊTE DU DÉSERT »

Le 17 janvier 1991, l'affrontement est inéluctable. Selon l'opinion du commandement américain, la mission sera complexe car les forces irakiennes disposées au combat sont nombreuses.

En Arabie saoudite, près de la frontière, se rassemblent près de 700 000 hommes (dont 500 000 Américains), 1 000 chars, 1 500 hélicoptères et 1 300 avions de la coalition internationale venue libérer le Koweït. C'est la plus grande concentration d'hommes inter pays, à prépondérance américaine, depuis la Seconde Guerre mondiale.

Dans le camp adverse, les Irakiens sont prêts à en découdre sur le champ de bataille. La propagande de leur leader est claire : ce sera la « mère des batailles ». Leur armée, présentée comme la 4e puissance militaire au monde, dispose d'un équipement moderne et de l'expérience d'une guerre antérieure. Selon les différentes sources, elle se compose de 500 000 hommes, de 5 000 chars blindés et de 3 000 pièces d'artillerie qui doivent défendre un territoire de 500 kilomètres qui s'étend du sud de l'Irak au Koweït.

La bataille commence le 17 janvier 1991 et comprend deux étapes :

- du 17 janvier au 23 février se déroule la préparation de l'offensive terrestre par un bombardement aérien constant ;
- du 24 au 28 février a lieu l'offensive terrestre proprement dite (l'opération « Sabre du désert »).

L'ASSAUT AÉRIEN : LE « TAPIS DE BOMBES »

Les troupes de la coalition envoient tout d'abord un escadron spécial, qui effectue un raid derrière les lignes ennemies pour détruire les batteries antiaériennes. La mission permet d'ouvrir une brèche de près de 10 kilomètres dans le dispositif antiaérien. Dans cet espace, l'aviation et les missiles peuvent frapper le cœur du système militaire de Bagdad.

L'aviation irakienne ne fait pas le poids face au dispositif militaire de pointe de ses adversaires et se montre très vite dépassée par le nombre d'appareils et par la qualité de leur armement. Elle est ainsi rapidement mise hors de combat. La première bataille, sûrement la plus importante, est gagnée. L'occupation de l'espace aérien est exclusivement aux mains des Nations unies, ce qui leur permet d'assener de lourds dégâts à leur adversaire.

L'objectif des frappes est double : il s'agit d'attaquer directement les ressources de l'Irak (complexes militaires et industriels, voies de communication, bâtiments gouvernementaux) et ainsi d'affaiblir tout le système militaire et de couper les voies d'approvisionnement des forces terrestres irakiennes qui défendent le Koweït. À la mi-février, la coalition se tourne vers ces derniers, bombardant la ligne de défense située à la frontière avec l'Arabie saoudite. Les cibles sont les fortifications et les chars, éléments cruciaux du système défensif irakien. Privée du soutien de l'aviation et se trouvant presque dans l'impossibilité de riposter, l'infanterie irakienne attend durant 38 jours, retranchée dans les fortifications, l'attaque terrestre de la force multinationale.

En cinq semaines de combat, près de 90 000 tonnes de bombes sont larguées par la coalition internationale. Ils bombardent sans répit et sans relâche, avec une cadence et une intensité infernales, les positions ennemies. Les défenses irakiennes au Koweït résistent à peine au tapis de bombes. Leur unique riposte, qui consiste à envoyer des missiles sur les cantonnements en Arabie saoudite, ne cause pas de réels dommages.

Le 26 janvier, l'Irak envahit la ville de Kafji, située sur le territoire contrôlé par la coalition internationale en Arabie saoudite. Après deux jours de bataille intense, les divisions irakiennes sont chassées au prix de très nombreuses pertes (environ 50 % du contingent envoyé).

À la recherche de soutien, Saddam Hussein envoie des missiles sur Israël pour tenter d'impliquer le pays hébreu dans le conflit et ainsi inciter les pays arabes à se joindre à sa cause. Mais Israël ne riposte pas et reste neutre durant le conflit : l'opération est un échec.

Vu la situation catastrophique dans laquelle se trouve son pays, le leader irakien accepte finalement le plan de paix proposé par l'URSS le 23 février. Les États-Unis lui donnent alors un ultimatum de 24 heures pour évacuer le Koweït. Mais le 24 février, il n'a toujours pas abandonné le territoire et, sur ordre du Haut Commandement allié, l'offensive terrestre est déclenchée.

L'ATTAQUE TERRESTRE DES « 100 HEURES »

Le plan établi par le général Herbert Norman Schwarzkopf repose sur l'encerclement de l'armée irakienne en partant du long de la frontière koweïtienne et irakienne, et en allant au Sud jusqu'au golfe Persique, et au Nord jusqu'à la zone centrale de l'Irak. Le but est de leur couper la retraite des armées vers l'Irak.

Avant la fin de l'ultimatum, les forces armées alliées se rassemblent à la frontière avec le Koweït et se positionnent en face des défenses irakiennes pour leur faire croire qu'ils entreront directement dans cette zone. Or, une grande partie des troupes de la Coalisation réalise ensuite un grand mouvement d'encerclement à travers le désert arabe vers le Nord-Ouest, dans le but de frapper leur flanc gauche et de leur couper la retraite. Ils prennent donc les Irakiens à revers et les isolent des bases arrière pour empêcher leurs réserves de rejoindre le front.

Lorsque l'assaut est donné, deux divisions du corps des marines américains et le contingent des forces arabes entrent effectivement au Koweït et se dirigent vers le centre pour libérer la capitale (Koweït City). Plusieurs divisions blindées et mécanisées reçoivent l'ordre de percer les défenses principales et de faire mouvement vers le Nord pour terminer l'encerclement. Le plan est un véritable succès selon les Américains : sur les 43 divisions irakiennes qui défendent le terrain, 26 sont anéanties ou mises en déroute en à peine deux jours.

Croyant fermement que les forces de la coalition se limiteraient à libérer le pays occupé, les généraux de Saddam Hussein ont installé deux lignes de défense parallèles sur 500 kilomètres à la frontière entre le Koweït et l'Arabie saoudite. Ils ont toutefois sous-estimé le travail préalable du tapis de bombes et les défenses militaires, tant louées par le régime en place et les forces internationales, se défont très rapidement face aux blindés de la coalition. La retraite est donc lancée.

LE RETRAIT DES TROUPES IRAKIENNES

L'anéantissement rapide des forces armées irakiennes est due à plusieurs erreurs commises par le Haut Commandement :

- sur le front, les forces terrestres irakiennes restent limitées aux conscrits, des civils appelés sous les drapeaux pour leur service militaire, tandis que la garde républicaine (corps d'élite professionnel) est presque entièrement gardée en réserve ;
- les troupes des premières lignes ne sont pas formées de militaires de carrière, mais d'hommes désabusés et fatigués par les huit années de guerre contre l'Iran. De plus, malgré les apparences, ils n'ont ni l'envie ni les moyens de se battre contre une force de frappe mieux entraînée et dirigée. Durant un mois, ils se trouvent au milieu de bombardements incessants, mal nourris et le plus souvent séparés

de leur commandement par la destruction des moyens de communication. De fait, à peine entamée, l'offensive provoque la désertion d'environ 90 000 hommes.

Alors que l'opinion publique mondiale s'attendait à une lutte épique dans le désert, l'attaque terrestre balaie les Irakiens en quelques heures. Les forces de la coalition avancent à un rythme soutenu, repoussent et poursuivent la garde républicaine irakienne hors du Koweït, passant notamment par l'*Highway of Death* (l'« autoroute de la mort »). En quatre jours, ils occupent le sud de l'Irak et ont récupéré l'ensemble du Koweït. Ils peuvent alors frapper aux portes de Bagdad.

BON À SAVOIR

La route 80 surnommée l'« autoroute de la mort », officiellement route 80, est une route qui joint le sud de l'Irak au Koweït. Lors de la retraite des troupes terrestres irakiennes, le 27 février 1991, sans aviation pour leur porter assistance, les chars et véhicules blindés ont été laissés en pâture aux forces aériennes américaines, qui utilisent notamment des munitions à uranium appauvri. On estime que 2 000 engins de guerre ont été détruits lors de cette attaque et ont été laissés sur place par les Irakiens. Le décompte du nombre de victimes, qu'ils soient civils ou militaires, ne sera jamais réalisé.

Les photographies des embouteillages de véhicules détruits restent une des images symboliques de la défaite irakienne. L'attaque est rapidement critiquée au sein de la communauté internationale – la Convention de Genève interdisant l'attaque de troupes en retraite – et pousse, le jour suivant, le président George Herbert Walker Bush à cesser les hostilités. L'autoroute sera reconstruite après la guerre et sera utilisée durant l'invasion de l'Irak en 2003.

Le 28 février 1991, le président des États-Unis ordonne le cessez-le-feu alors que l'Irak annonce qu'il accepte sans condition toutes les résolutions de l'ONU. Le 3 mars, les généraux irakiens signent la reddition en échange du retrait des forces armées internationales de leur pays. Entre-temps, l'armée en retraite sabote les puits de pétrole, suivant par là la politique de la terre brûlée voulue par le régime. L'incendie de 732 puits koweïtiens provoque par ailleurs un important désastre écologique régional.

BILAN D'UNE BATAILLE INÉGALE

Dès le début des hostilités, les forces irakiennes se trouvent en position d'infériorité. Les forces en présence sont en effet disproportionnées : alors que la coalition internationale utilise du matériel technologiquement plus avancé, les Irakiens mènent une guerre classique et traditionnelle. Leurs forces sont dépassées au niveau aérien, terrestre et naval, et souffrent de l'isolement et de la démotivation. C'est pourquoi elles n'opposent pas de réelle résistance.

Au cours de l'opération, les pertes enregistrées du côté de la coalition sont limitées : on compte 250 morts et 800 blessés. Beaucoup de dommages sont dus aux tirs amis. Du côté irakien, les chiffres exacts sont difficiles à connaître, une estimation courante avance entre 85 000 à 100 000 morts.

Comme pour la majorité des guerres menées par les États-Unis, l'opération « Tempête du désert » montre une division en étapes marquées par des délais établis à des dates bien définies, et une coordination évidente. L'objectif des généraux américains est d'anéantir entièrement les forces armées de l'adversaire pour gagner la bataille. À la différence de la guerre du Viêtnam (1954-1975), ils décident la mise en place d'effectifs nombreux et de matériels de haute performance pour mettre directement hors d'état de résister l'armée adverse. L'effet dissuasif (bombardements soutenus et le nombre important de combattants) aura été le point central de la bataille.

DES DÉGÂTS COLLATÉRAUX CONSIDÉRABLES

Durant l'opération aérienne sur l'Irak, les bombardements causeront un grand nombre de morts parmi la population civile. Les fameuses frappes chirurgicales orchestrées par l'administration militaire américaine ne sont pas toujours aussi précises que prévu : environ 70 % d'entre elles manquent leur cible. La destruction de stations d'épuration d'eau ou d'usines agroalimentaires fait des ravages à long terme chez les habitants, anéantissant la plupart des infrastructures nécessaires à la survie d'une société (eau, électricité, hôpitaux, etc.).

Au vu de la situation désastreuse dans laquelle se trouve la population irakienne, qui paie la guerre au prix fort, l'opinion internationale demande la fin des bombardements. Certaines sources estiment à 200 000 le nombre de civils morts durant la guerre du Golfe.

Par ailleurs, pour la première fois de l'histoire, des armes contenant de l'uranium appauvri sont utilisées pour détruire des chars et des infrastructures résistantes comme le blindage des bunkers. Alors que l'intervention au Koweït est également justifiée par la présence d'armes chimiques détenues par le régime irakien, elles sont surtout utilisées par la coalition internationale. Les dégâts toucheront les militaires des deux camps, mais aussi des civils. En effet, les particules radioactives éjectées des bombes se redéposent sur le sol et dans les eaux souterraines. Elles sont donc inhalées par les populations vivant à proximité des zones de combat, augmentant considérablement le nombre de cas de certaines maladies durant les années qui suivent la bataille (malformations, leucémies infantiles, etc.). Cette arme provoque également de graves irritations de la peau et des poumons et abîme les reins. Certains experts lui attribuent aussi une grande importance dans le syndrome de la guerre du Golfe (troubles du système immunitaire), qui a touché près de 250 000 vétérans.

RÉPERCUSSIONS DE LA BATAILLE

« FOMENTER LA RÉVOLTE »

À la fin de l'année 1990, le général Herbert Norman Schwarzkopf lance un appel afin de pousser les civils à se rebeller et à renverser le régime en place. S'appuyant sur un discours du président George Herbert Walker Bush qui encourage les minorités irakiennes à se soulever contre Saddam Hussein, il sera entendu dès la fin de la guerre.

Dès le 5 mars 1990, deux jours après la capitulation, l'Irak connaît un soulèvement des habitants du Kurdistan, dans le Nord, et des chiites, dans le Sud. Les manifestations se transforment rapidement en insurrection armée contre le régime baasiste, et plus tard en guerre civile. En une semaine, 15 des 18 provinces qui forment le territoire irakien échappent au contrôle et à l'autorité de Bagdad. Toutefois, malgré la défaite, Saddam Hussein réagit rapidement en réorganisant les unités militaires et se prépare à mater le soulèvement.

Les chiites sont les membres d'une branche confessionnelle de l'islam, majoritaire en Irak (regroupant entre 50 et 60 % de la population). Ils sont surtout présents dans le Moyen-Orient, en Iran, en Irak, en Azerbaïdjan et au Bahreïn. Appuyés par la République islamique d'Iran, dirigée par un chiite, les musulmans irakiens s'opposeront au régime laïc en place depuis les années soixante, et tenteront plusieurs fois de renverser l'administration baasiste lors de la dictature de Saddam Hussein, qui les réprimera durement. Après l'invasion américaine en 2003, ils prennent une place prépondérante dans la reconstruction politique irakienne.

Les Kurdes sont une minorité ethnique comptant quelque 25 millions de personnes. Ils sont surtout représentés dans quatre États du Moyen-Orient : en Irak, en Iran, en Syrie et en Turquie. Ces nations s'opposent à la création d'un État indépendant, le Kurdistan, voulu par les Kurdes depuis la chute de l'Empire ottoman en 1918. En Irak, ils subissent une répression particulièrement sanglante durant la dictature de Saddam Hussein, qui réprime leurs velléités indépendantistes au moyen d'armes chimiques. En 2006, le leader irakien est condamné à mort, accusé d'avoir assassiné des Kurdes à Doujaïl (nord de Bagdad). Les premières élections libres au Kurdistan ont lieu en 1992. Le pays est reconnu dans le nord de l'Irak comme État autonome après la chute de Saddam Hussein.

Aidées par l'inaction de la coalition internationale et de l'ONU, qui refusent d'intervenir dans un conflit interne, trois divisions de la garde républicaine sont chargées de la répression. Ils s'occupent d'abord du Sud et se déplacent ensuite dans le Nord. Privés d'aide extérieure, les groupes rebelles sont mal organisés, désunis et impuissants devant les armes des troupes régulières irakiennes. La sanction se révèle donc exemplaire et dure entre quatre et cinq semaines et comporte des brutalités atroces, l'usage d'armes chimiques et la destruction de villages entiers, provoquant le déplacement de deux millions de réfugiés kurdes à la frontière de l'Iran et de la Turquie.

Le 3 avril, par une interprétation de la résolution 687 de l'ONU, les pays de la coalition mettent en place une zone d'exclusion aérienne sur 60 % du territoire, ce qui permet de limiter les représailles militaires sur les civils rebelles. Ils mettent également sur pied une opération humanitaire (*Provide Comfort*) pour aider ces populations. Cela n'empêche toutefois pas les incursions et répressions du régime sur les territoires mentionnés.

IRAK : UN DICTATEUR TOUJOURS PRÉSENT ET UN AVENIR INCERTAIN

Le pays se retrouve dans une situation alarmante : totalement ruiné par la guerre, il voit son économie paralysée par les destructions dues aux bombardements successifs, par l'embargo sur le pétrole et par les sanctions internationales. Le quota de production du pétrole irakien est alors récupéré par l'Arabie saoudite. L'embargo total se maintient donc sur le régime baasiste par la résolution 687, en avril 1991, dont la levée dépend de la destruction des armes nucléaires, chimiques et bactériologiques. L'impossibilité d'exporter du pétrole (qui représente 90 % de l'exportation totale du pays) détruit complètement l'économie irakienne, faisant chuter d'un cinquième le produit intérieur brut en cinq ans.

Ce pays, auparavant l'un des plus riches de la région, s'appauvrit extrêmement vite, occasionnant une catastrophe humanitaire. La poursuite de l'embargo touche en effet d'abord les classes sociales les plus basses.

Avec l'instauration du cessez-le-feu et alors que les troupes de la coalition internationale sont proches de Bagdad, les vainqueurs montrent clairement leur volonté de ne pas faire tomber le régime de Saddam Hussein. Après le conflit, on remarque dans le chef des États-Unis et des pays arabes une volonté d'assurer la stabilité du pays pour diverses raisons. Ces derniers n'admettent pas une occupation de l'Irak et préfèrent la solution des mouvements de révolte interne. Par ailleurs, si l'ONU avait autorisé le recours à la force pour expulser les Irakiens du Koweït, ce n'était pas pour renverser le gouvernement en place. Le régime vaincu est alors contenu dans son territoire national, complètement isolé diplomatiquement et commercialement.

UN NOUVEL ORDRE MONDIAL S'INSTALLE

Alors que l'Irak disputait la position de leader avec l'Égypte et l'Arabie saoudite, en se positionnant comme protecteur du monde arabe laïc contre l'Iran islamique, il lui est maintenant impossible de lutter avec ses voisins, qui, pour la plupart, profitent de l'embargo sur le pétrole pour augmenter leurs revenus. Dans les années qui suivent, un grand flux d'armes gagne le Proche-Orient et permet à de nombreux gouvernements de s'équiper. Cette course aux armements préfigure déjà les futurs conflits du XXIe siècle.

Par ailleurs, l'influence américaine au Moyen-Orient s'affirme par cette première incursion. Cependant, les États-Unis décident de ne pas s'installer durablement dans le pays, n'assumant pas encore leur rôle croissant de garants de la paix mondiale. Ils sont vus comme les « gendarmes du monde » à la fin du conflit. En effet, depuis le bouleversement survenu au sein de l'URSS au moment de la chute du mur de Berlin, la passivité de cette dernière lors des événements élargit le champ d'action des États-Unis, qui choisissent par là même d'élargir leur influence vers le Moyen-Orient.

Après les attentats du 11 septembre 2001, les États-Unis, partis en croisade contre le terrorisme international, entament la guerre d'Afghanistan (débutée en 2001) et lancent une invasion en Irak, soupçonnant la possession d'armes chimiques et nucléaires. Cela nous rappelle la résolution 687 imposée par l'ONU durant la deuxième guerre du Golfe et le refus des États-Unis de renverser le régime dictatorial de Saddam Hussein.

EN RÉSUMÉ

1990

2 août : Invasion du Koweït par l'Irak

6 août : Déclenchement de l'opération
« Bouclier du désert »

1991

17 janv. : Lancement de l'opération
« Tempête du désert »

Janv.-févr. : Incendie de 732 puits
de pétrole koweïtiens
par les Irakiens

23 févr. : Ultimatum de 24 h
lancé à l'Irak

24 févr. : Offensive terrestre

28 févr. : Fin de l'opération

3 mars : Signature de la reddition
de l'Irak

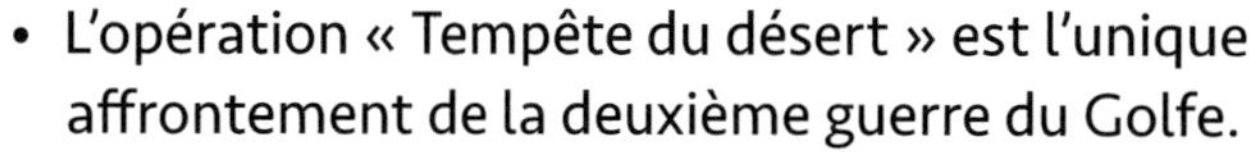

- L'opération « Tempête du désert » est l'unique affrontement de la deuxième guerre du Golfe.

- Le conflit oppose l'Irak, qui a envahi le Koweït, à une coalition internationale composée de 34 pays et menée par les États-Unis.

- Il s'agit de la plus grande concentration d'hommes issus de divers pays depuis la Seconde Guerre mondiale.
- Ses causes se trouvent principalement dans le contrôle des champs pétrolifères de la région.
- Elle se compose de deux étapes : un bombardement aérien constant et une offensive terrestre de seulement quatre jours.
- Mal dirigées et insuffisamment préparées, les troupes irakiennes sont rapidement balayées par la coalition.
- L'issue de la bataille laisse l'Irak exsangue, que ce soit par la destruction de ses structures vitales ou par un embargo sur son exportation de pétrole. De violentes représailles ont lieu contre des révoltes internes dans le nord et le sud du pays.
- Saddam Hussein n'est finalement pas chassé du pouvoir par la coalition, mais sera renversé 13 ans plus tard, lors de la troisième guerre du Golfe.
- Un nouvel ordre s'installe au Proche-Orient suite à la redistribution des quotas d'exportation de pétrole et à l'influence croissante des États-Unis.

Votre avis nous intéresse !
Laissez un commentaire sur le site de votre
librairie en ligne et partagez vos coups de cœur sur
les réseaux sociaux !

POUR EN SAVOIR PLUS

SOURCES BIBLIOGRAPHIQUES

- ABURISH (Saïd K.), *Le vrai Saddam Hussein*, Paris, Saint-Simon, 2003.

- CHAUTARD (Sophie), *L'indispensable des conflits du XXe siècle*, Paris, Levallois-Perret, 2003.

- *Chroniques de la Guerre du Golfe*, Paris, Édition Atlas, 1991.

- « Chronologie de la guerre du Golfe. 1990-1991 », in *La guerre du Golfe*, consulté le 24 août 2013. http://guerredugolfe.free.fr/

- FERRARD (Stéphane), *Les armes de la guerre du Golfe*, Paris, Presses de la Cité, 1991.

- GALLOIS (Pierre Marie), *Le sang du pétrole. Guerres d'Irak. 1990-2003*, Lausanne, L'âge d'homme, 2003.

- JORGENSEN (Crister), *Grandes batailles. Elles ont façonné le cours de l'histoire*, Paris, Parragon, 2008.

- JULY (Serge), *La diagonale du Golfe*, Paris, Grasset, 1991.

- Langendorf (Jean-Jacques), *Le bouclier et la tempête. Aspects militaires de la guerre du Golfe*, Genève, Georg, 1995.

- LUIZARD (Pierre-Jean), *La question irakienne*, Paris, Fayard, 2002.

- SCHWARZKOPF (Herbert Norman), *Mémoires*, Paris, Plon, 1992.

SOURCES COMPLÉMENTAIRES

- ABDELKRIM-DELANNE (Christine), *Guerre du Golfe. La sale guerre propre*, Paris, Le Cherche-Midi, 2001.

- AL-KHALIL (Samir), *Irak, la machine infernale*, Paris, Lattès, 1991.

- BSÉRÉNI (Alice), *Irak, le complot du silence. Essai*, Paris, L'Harmattan, 1997.

- CHALIAND (Gérard), *D'une guerre d'Irak à l'autre. 1991-2004*, Paris, Métailié, 2004.

- GUELTON (Frédéric), *La guerre américaine du Golfe. Guerre et puissance à l'aube du XXIe siècle*, Lyon, Presses universitaires de Lyon, 1996.

- HAGHIGHAT (Chapour), *Histoire de la crise du Golfe*, Bruxelles, Complexe, 1992.

- KUTSCHERA (Chris), *Le livre noir de Saddam Hussein*, Paris, Oh ! Éditions, 2005.

- LAURENT (Éric), *Tempête du désert. Les secrets de la Maison Blanche*, Paris, Orban, 1991.

- LAURENT (Éric) et SALINGER (Pierre), *La guerre du Golfe. Le dossier secret*, Paris, Orban, 1991.

- LEFKIR-LAFFITTE (Naïma) et LAFFITTE (Roland), *L'Irak sous le déluge*, Paris, Hermé, 1992.

- MALBRUNOT (Georges) et CHESNOT (Christian), *Saddam Hussein. Portrait total*, Paris, Éditions 1, 2003.

- PASSEVANT (Roland), *Golfe. Tempête pour la paix*, Paris, Messidor, 1991.

- ROUSSET (Valéry), *La guerre à ciel ouvert. Irak. 1991*, Paris, Addim, 1996.

- SCHWARKZKOPF (Herbert Norman), *It Doesn't Take a Hero*, New York, Bantam Books, 1992.

FILMS ET DOCUMENTAIRE

- *À l'épreuve du feu* (Courage Under Fire), film réalisé par Edward Zwick, avec Denzel Washington, Meg Ryan et Matt Damon, États-Unis, 1997.

- *Première guerre d'Irak : les dessous de la Guerre du Golfe*, documentaire d'Audrey Brohy et Gérard Ungerman, France, 2000.

- *Jarhead. La Fin de l'innocence*, film réalisé par Sam Mendes, avec Jake Gyllenhaal, Scott MacDonald et Jamie Foxx, États-Unis, 2005.

- *L'Aube du monde*, film réalisé par Abbas Fahdel, avec Karim Saleh, Hafsia Herzi et Hiam Abbass, France, Allemagne et Irak, 2007.

MUSÉES ET BÂTIMENT COMMÉMORATIF

- Air Force Armament Museum, en Floride (États-Unis).

- Kuwait House of National Memorial Museum, à Koweït City (Koweït).

- La route de la mort, située entre le Koweït et l'Irak.

- Musée canadien de la Guerre, à Ottawa (Canada).

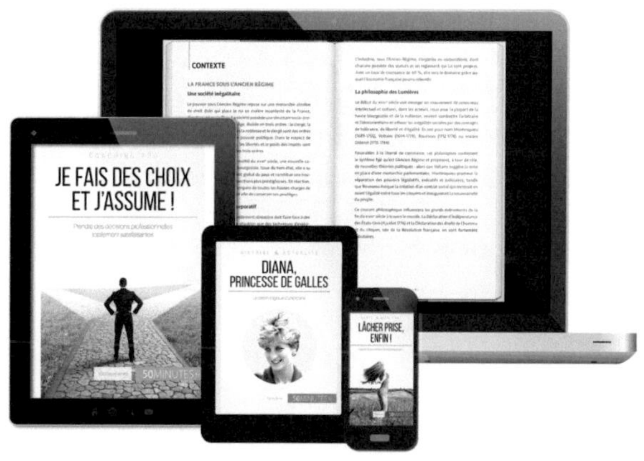

50MINUTES.fr

ISBN ebook : 978-2-8062-5422-1
ISBN papier : 978-2-8062-5603-4
Dépôt légal : D/2014/12603/27
Photo de couverture : *Avions de l'US Air Force de la 4ᵉ escadre de chasse (F-16, F15) volant au-dessus de puits de pétrole koweïtiens en feu, incendiés par les forces irakiennes lors de leur retraite pendant l'opération Tempête du désert en 1991.* © US Air Force. Domaine public.

Conception numérique : Primento,
le partenaire numérique des éditeurs